# A DONDE
# SE FUE LA MAR

SOLEARES

SONÁMBULOS
EDICIONES

A DONDE SE FUE LA MAR. SOLEARES
Colección MACASAR

Primera edición: marzo de 2025

© De los poemas ¬ Miguel Ángel Arcas
© Del prólogo ¬ Juan Pinilla
© Fotografía de portada ¬ Joaquín Puga
© Diseño de la colección ¬ Daniel Fajardo
© SONÁMBULOS Ediciones

www.sonambulosediciones.com

ISBN 978-84-129639-2-2
Depósito legal GR 316-2025

Impreso en España

# A DONDE SE FUE LA MAR

## SOLEARES

MIGUEL ÁNGEL **ARCAS**
PRÓLOGO DE JUAN PINILLA

MAC∧SAR
COLECCIÓN

*A Pepe Heredia Maya*
*y a Eduardo Gómez Peláez in memoriam.*

# ESCRIBIR PARA CANTAR

*Juan Pinilla*

«Escribir para cantar / cuando se canta lo escrito / ya pertenece a la mar». En estos versos que Alberti escribió en su exilio de Roma para el cantaor Manuel Gerena, hallamos la esencia de *A donde se fue la mar*, el último libro del poeta Miguel Ángel Arcas, un compendio de soleares cuya lírica transita la frontera entre la escritura y la voz, entre la tinta y el aire. Como un río que busca su desembocadura, las palabras del poeta nacen con vocación de ser dichas, de ser cantadas, de volver al pueblo que las inspira.

En esta obra, el poeta granadino nos entrega un cancionero que recoge el pulso de la tradición andaluza, pero lo hace con una mirada contemporánea, consciente de su tiempo y de su espacio. La soleá, esa forma breve que condensa el sentir en tres versos, revela a los buenos cantaores que miden su talento lidiando con este estilo, y también puede manifestarnos a los poetas que, como la copla popular, están capacitados para condensar siglos de filosofía en sus acotados tres versos. De esta forma, la lírica se convierte aquí en vehículo para la crítica social, la fina ironía y la emoción más desnuda. Arcas no solo juega con el acervo popular, sino que lo renueva con imágenes frescas y un espíritu lúdico que en ocasiones desarma con su sencillez.

La modernidad de su voz poética no es óbice para inscribirse en la genealogía de aquellos genios del verso que hundieron sus raíces en el caudal del pueblo: Machado, Lorca, y todos aquellos que entendieron que el cante no es solo una expresión estética, sino una forma de pensamiento. Estas soleares dialogan con la tradición flamenca, pero también con la cotidianidad de nuestros días: la política, el amor fugaz, la lucha de clases, la precariedad, la memoria de la tierra... Hay en ellas ecos de la pena honda, pero también rezuman una chispa festiva que relumbra en los cuartos de cabales.

*A donde se fue la mar* se inscribe en una poética de la oralidad revisitada. Miguel Ángel Arcas comprende que la poesía que nace para el canto no muere en la escritura, sino que espera su voz, su música, su cuerpo. Se trata de un fenómeno de resonancia: el poema es letra y es aire, es huella y es presencia. Así, la obra nos sitúa ante una paradoja: si el poema pertenece a la mar, es porque ha perdido su orilla. Pero, ¿acaso no es esa misma condición errante la que lo mantiene vivo?

El título del libro también podría ser una pregunta que resonara en el lector: *¿A dónde se fue la mar?* Una interrogación nostálgica que nos desafiara porque, si el mar es vasto, abierto e infinito como la palabra cantada, entonces no hay fronteras para la poesía. La mar no se ha ido, sino que sigue habitando en cada verso que encuentra una voz, en cada nota devuelta al aire. Y en este juego de ausencias y retornos, la palabra sigue su destino: fluir, cantarse, hacerse mar, para concluir, de nuevo con Alberti, entonando aquello de «canta y sigue, que delante / de ti se abre toda España / a la honda voz de tu cante».

*No canto porque me escuchen ni para lucir la voz...*
*Canto porque no se junten la pena con el dolor.*

Manuel Machado

*No, no se escriben las coplas ni son tales coplas verdaderas hasta que no se sabe el nombre del autor. ¡Y este glorioso anónimo es el premio supremo de los que tal género de poemas componen!...*

Manuel Machado

El avión cruza el cielo

y la liebre la llanura.

Yo, más lento me prefiero.

*

La burra dale que dale.

El mulo bebe que bebe

y tú callá callaíta

frito fritito me tienes.

*

Pasar te veo andando

con pasito lento y largo

mientras te estoy esperando.

*

Si la tierra se calienta

y cada día falta agua,

¿quién podrá dormir la siesta?

*

Ay, compañerita mía,

amor que tú me tuvieras,

amor que te devolvía.

*

Aunque te hagas, tú sabes

lo que yo quiero de ti,

que por la noche me abraces.

*

Quien se fía del gobierno

ni se refresca en verano

ni se calienta en invierno.

*

Se miran en las de usted,

estas letrillas pal cante.

Con permiso, don Manuel.

*

Pensando en lo nuestro,

pa que tos lo sepan ya,

me he subío al campanario

para dar la campaná.

*

Sombra le pido a la fuente

y agua espero del olivo,

qué m'a hecho tu querer

que ya no sé lo que digo

*

Te quiero con to mi alma

me decía por la noche

con carita de fantasma.

*

Me despierto y tú no estás.

—¿A dónde te fuiste, niña?

—Adonde se fue la mar.

*

Qué gracia lo de escribir
a lo tonto a lo tonto
soleares en París.

*

Niña, te propongo un trato,
encamarnos por placer
y salir enamorados.

*

No sé yo por qué razón
cuando te miro a los ojos
se me arregla a mí el dolor.

*

Óyeme bien, cachirulo,

no por mucho madrugar

están más buenos los churros.

*

No me metas en más líos,

que dos por dos son tus labios

besándose con los míos.

*

Lo tuyo es ojo por ojo

y me dices que me quieres.

Tu amor sí qu'es peligroso.

*

Si quieres saber de celos,

mírate los adentros

y verás que son tus miedos.


\*


Cuando tú vas yo ya vengo.

No es que vaya por delante,

es que ya no me entretengo.


Lo nuestro no tié remedio,

si yo tiro por arriba

tú me sales por en medio.


Tú quieres ir a la luna

y yo quedarme en la tierra.

A ver cuándo vamos de una.

Sé lo que quieres de mí
y tú crees que yo lo quiero,
no te me adelantes un pelo
porque sólo mi sí es sí.

*

Caen rayos y tormentas,
pero se seca el campo.
Esto no hay quien lo entienda.

*

He echado a la lotería
y me tocaron tus ojos.
¡Qué buena suerte la mía!

*

No quiero ni din ni don,

lo que quiero es que tú quieras

que nos queramos los dos.

\*

Quiero decir dos cositas.

La primera que te quiero.

La otra a ver si la adivinas.

\*

Yo no me caso con naide,

pero a morir voy con todos.

Ni yo me entiendo, compadre.

\*

Vente conmigo a la mar.

Yo cogeré pescaítos

y tú te los comerás.


*


No sabe la inteligencia,

ni tampoco los doctores

que el amor no es una ciencia.


*


No mires más al espejo,

que tu reflejo es tan sólo

un sueño dentro de un sueño.

# SOLEARES NEGRAS

Maldita sea mi suerte.

Cuanto más y más te olvido

más cerca tengo a la muerte.


Y cuando quiero tenerte

toda mi vida se va,

mi vida por no perderte.


Maldita y negra mi suerte.

Cuanto más y más lo quiero

menos dejo de quererte.


Y mira que por quererte

ahora me veo sin verme

muerto e sed junto a la fuente.

# SOLEARES DE LAS CUATRO PENAS

Loco está mi corazón.

Puñalá que tú me dieras,

amor que sangrara yo.


Que yo no tengo dolor,

que lo que yo tengo dentro

ya no tiene solución.


Con mal arte y mal bajío

tú a mí me estas obligando

a que yo pierda el sentío.


Tú nunca me pides na,

ni cariño, ni dineros,

qué será lo que querrás.


*

Que si fueras el reflejo

de alguien que ya no existe.

¿Romperías el espejo?

*

Quién te ha visto y quién te ve,

que siempre has sío un currante

y ahora vas de marqués.

*

Buscas un príncipe azul.

Tú sigue buscando porque

yo te digo tururú.

*

Mi querer ya lo tuviste

y lo pretendes de nuevo.

La Historia no se repite.

*

Cuando paso por tu casa

llevo el pasito lento

para verte bien la cara.

*

Ando con pasito lento,

detrás llevo mis duquelas,

por delante mi deseo.

*

Quisiera ser como el aire

para ir contigo lejos

sin que nos moleste naide.

*

Tú eres la flor del deseo,

eres el sol en las rosas,

el jardín de mi recreo.

*

Coloraíto me pones

cuando a la cara me miras.

Ya no quiero tus favores.

*

No puedo negarme a ir

donde la suerte me lleve,

hoy aquí, mañana allí.

*

Sin comerlo ni beberlo

te está quitando la vida

la de los ojitos negros.

*

Que yo ya no quiero hablar,

que luego toíto se sabe,

aunque nadie sepa ná.

*

Tengo clavaos mu dentro

cuatro puñalitos negros,

tus ojos y tu recuerdo.

*

En el tranco de mi casa

me pongo a considerar

que mis penas no son mías,

sino de la humanidad.

*

Pa quién seré, decía yo.

No seré ya para nadie.

Para otro será tu amor.

*

Al pan pan y al vino vino,

lo que a ti te gusta es

de la ensalada el pepino.

\*

Que sí que no, que también,

que lo que en verdad te pone

es hacerlo entre los tres.

\*

Si de la mar es el mero

y de la tierra el salero.

Qué de ti será el cielo.

\*

La guerra es la guerra, dices,

pero te veo tranquilo.

Dónde escondiste los rifles.


*


No será lo que yo quiera,

Ni tampoco lo que tú.

Es la muerte quien espera.


*


Tu pensar es mu barroco,

nunca naqueras verdades,

pero mentiras tampoco.


*

El día menos pensao,

cuando menos te lo esperes,

se te pudre el bacalao.

*

Qué quieres de mí ahora,

si hasta el aire que respiro

tú me lo alquilas por horas.

*

La silla donde te sientas

me la regaló a mí Dios

para saldarme las cuentas.

*

Pa que quieres tú candela
si tienes la luz más grande
que brilla en toa la tierra.

*

No te echaré yo de menos.
Cuando me falten tus besos
me sobrará tu veneno.

*

Si aliquindoi no estás
intentarán tus amores
birlarte la voluntad.

*

Pa que te vengas a mi vera

tié que pasar el invierno,

pasar entero el otoño,

y también la primavera.

*

Que no, que no quiero amores,

lo que yo quiero es vivir

sin duquelas ni temores,

hoy aquí, mañana allí.

*

Pasa que me tiés manía,

que saludo a to er mundo

y me dan los buenos días.

*

Por poquito que te duela,
que nunca te pase a ti
querer y que no te quieran.

*

Verdad es que te he querío
y ahora ya no te quiero.
Pero tiempo no he perdío.

*

Los políticos rateros,
ni nos dicen la verdad,
ni nos mienten con salero.

*

No tié fatiguitas el rey,

rodeado de amiguitas

vive mejor que seis.

*

Cuando a ti nadie te quiera

apuesto a que lo sabré,

aunque no esté a tu vera.

*

Vengan sabios y doctores

a saber toíto de España.

De los males los peores.

*

Que mis ojitos lo vean,

que los curas tocaniños

ardan como aulaga seca.

*

Para que nos demos cuenta,

nos tendría que faltar

to lo que vale la pena,

la salú y la libertad.

*

Cruzando la mar los dos

en un barquito de vela,

así viviría yo.

*

Yo no sé qué le pasó

a la tierra, compañera,

que era azul y se secó.

*

Qué alegría no tendrá

el que le picó a la torre,

que no deja de soñar.

*

Yo te tengo compará

con el mismo rey d'espadas,

que no es rey ni es ná de ná.

*

Yo te lo dije de broma.

Tan de veras lo has tomao

que no quieres verme a solas.

*

Me vino al conocimiento

que yo por ti me perdía.

Qué tan gran descubrimiento.

*

En una losa me acuesto

como si la losa fuera

el consuelo que no tengo.

*

Ya no hay cañaverales

a la orillita del río.

Los cortaron p'hacer calles.

*

Qué buenos son los impuestos

cuando sirven pa lo público

y atender nuestros derechos.

*

Cuando paso por tu calle

un mapa voy leyendo

pa que no diga tu mare

que no sé de dónde vengo.

*

Comer bien y el agua clara

son cositas que te limpian

y te bendicen la cara.


Si me gusta el toma que toma,

igual que el dale que dale,

más me gusta tu persona.


Ni fea ni con guapura,

ni altiva ni arrebolá.

Me gustas porque me gustas.


\*


Aunque te mire de lejos,

tu marío se retuerce

y amarillea de celos.


\*

Por si lo quieres saber,

es verdad que yo te quise.

Que ahora no, también lo es.


\*


Si de izquierdas el gobierno,

a los ricos se le acaba

el pagar pocos impuestos.

Se acabó lo que se daba.


\*


Me gusta ir a mi ritmo.

Te he querío porque sí,

y te olvidao por lo mismo.


\*

Toíto llega a su fin,

tú porque ya no me quieres,

y yo porque soy así.

*

Como tú y yo nos hemos querío,

nunca se ha querío naide.

Ningún amor es el mismo.

*

Los poetas son primores,

que a los cuatro vientos cantan

las dichas y los dolores.

*

Te entregao to mi tiempo.

Con él te has entretenío

y con luz me lo has devuelto.


\*


Dinerito que yo gano,

como tu querer lo pierdo

sin saber cómo ni cuándo.


\*


Por si lo quieres saber,

nada más llegar a ti

ya comencé a volver.


\*

Si tu no sabes nadar

ni apenas guardar la ropa,

en la duda te ahogarás.


*


Siempre hay fuga de cerebros.

El problema, sin embargo,

es que se quedan los pendejos.


*


Quién te ha visto y quién te ve,

ayer revolucionario,

hoy vaya usted a saber.


*

Cuando te veo venir

se me encoge el corazón

y se me seca el perejil.

*

Aquí estoy, donde veis,

así me quitéis la vida

y me lleven entre seis.

# ACUÉRDATE

Acuérdate cuando entonces
tú me esperabas desnuda
toas, toítas las noches.

Tú me esperabas desnuda
toas, toítas las noches
hubiera o no hubiera luna.

Acuérdate cuando entonces
tú me esperabas desnuda
toas, toítas las noches
hubiera o no hubiera luna.

*

Para quitarme las ganas

de quererte fui al médico.

Ahora te quiero sin ganas,

pero eso no tiene mérito.

*

Te veo y no te veo,

si tienes mucho parné

hoy eres guapo, ayer feo.

*

Vete, niña, con tus penas,

que me estás dando tú a mí

amparo de jiguera negra.

*

Si con penas yo me acuesto

y con penas me levanto,

¿Cuándo dormiré contento?

*

¿Cuánto tiempo ha de pasar

hasta que yo vuelva a verte?

Apenas la eternidad.

*

No hay quien entienda na,

van más cohetes al espacio

que trenes van pa Graná.

*

Ahora no gasto amores,

que me tengo por soltero.

Así es la vida, señores.


*


Quise a una mujer cabal

y también a una embustera.

Pero no las quise igual.


*


Si con el ChatGPT

andas tú de chalaneo

sólo harás el paripé.


*

En tu cama no entro más,

ni de día ni de noche

y menos de madrugá.

*

Me vas a quitá er sentío,

niña, por qué no te vas

con la misma que has venío.

*

Por la ventana tiraste

mis amores y mis trastos.

Qué gran peso me quitaste.

*

Hoy nadie escucha a nadie.

Qué sorda viene a ser

la tapia de la barbarie.

*

Tengo un amorcillo loco.

Ella se pirra por mí,

pero yo me siento solo.

*

Los ojos y el corazón,

los cielos y las montañas

son cosas de gran valor,

como lo son las palabras.

*

Lo que es, es lo que es, ya ves.

Tú me dejaste tirao

sin yo saber el porqué

\*

Si el tiempo es una liebre

que se pone mis zapatos,

conmigo corre la muerte.

\*

El pasado aún no ha muerto,

el futuro no llegó,

y el presente se ha largao

a donde no vivo yo.

\*

Mira tú lo que yo quiero,

que no es fama ni poder,

sino sólo ser torero,

torero por tu querer.


*


Por si lo quieres saber,

lo nuestro se ha terminao,

pajaricos con la madre y...

¡Que nos quiten lo bailao!

# SOLEÁ DER QUE LA LLEVA

Jartito vengo e currá

pa que tú ahorita vengas

a dármela por detrás.


Contigo tengo sufrío

lo que no hay en los escritos,

y es porque no m'has querío.


No me vengas con duquelas

que ya tengo con las mías,

peores q'un doló de muelas.

# SOLEARES DEL SACROMONTE

Que no me voy a casá,

t'he dicho que no y que no,

que yo no voy a picá.


Si yo a Graná he venío

no es por venir sin máh

sino a roneá contigo.


Déjate ya de señales,

lo que quiero es que me quieras,

primita, como tú sabes.


\*

Yo no sé lo que tié Graná

que vuelve con la mili hecha

to er mundo que va p'allá.

*

Mira, no te digo más.

Te dejé estas soleares

cuando volví a Graná.

# AGRADECIMIENTOS

Entiendo necesario agradecer aquí a la tradición lírica de mi tierra y a los poetas flamencos el regalo de su duende. Dar las gracias a Andrés Neuman por su lectura, no tanto andaluza, como sí muy atenta y avispadamente poética de este libro. También he de reseñar mi agradecimiento al maestro Juan Pinilla por su sincera y entregada colaboración para con estas letras destinadas al cante y al arbitrio popular. Igualmente a Carmen Camacho, siempre dispuesta a escuchar con la gracia de su arte. Y finalmente, a Roberta Previtera, primera y sorprendida lectora de estas letras, y mismamente a quienes con su empuje ayudaron, incluso sin saberlo, a que empezaran a ver la luz en París y terminaran en Graná, la tierra que me dio la luz y las maneras que gasto.

# ÍNDICE